PARIS-GRAVÉ.

# L'EXPOSITION UNIVERSELLE

## 1878.

### LETTRE ILLUSTRÉE

48, EAUX FORTES

*Imprimerie BEILLET, Quai de la Tournelle. — PARIS.*

Imprimerie Delâtre  
15, quai de la Tournelle  
à Paris

A. Martial — Notes et eaux-fortes

## L'EXPOSITION UNIVERSELLE DE PARIS EN 1878
### LETTRE ILLUSTRÉE

Champ-de-Mars — janvier — avant l'ouverture

avant l'ouverture

à Madame G. Henry.

Craindre le voyage et la dépense lorsque dix années de travail dans tous les genres et de tous les pays, sont concentrées au Champ-de-Mars — quand le Trocadéro, votre ancien voisin, s'est meublé d'un palais cachant avec grâce les jolies masures perchées sur lui, pour donner asile à ce qu'il y a de plus neuf et de plus rare : — C'est un petit accès de démence que vos amis doivent combattre. — Je le fais pour ma part en vous adressant comme en 1867 — une note spéciale des côtés pittoresques de l'Exposition.

1

Est-ce l'Anthropologie — la Craniologie, la savante Archéologie préhistorique qui vous font peur — croyez bien que rien ne vous force à pâlir devant ces curiosités — inopportunes dans cette Exposition, puisqu'elles prennent la place qui était due toute entière aux efforts de l'Industrie et de l'art modernes.

Il faut venir, sans vous occuper davantage de ces exhumations.

Vous êtes sur le navire, confortablement et sûrement installés. — Aujourd'hui ceux qui ont ajusté la machine qui vous porte — ceux qui la font se mouvoir — ceux qui l'entretiennent ; l'entourent de fleurs pour vous en montrer les nouveaux perfectionnements ! — Rien ne saurait excuser votre abstention ; vous leur devez une visite amicale.

2

*Avant l'ouverture. — Place du Trocadéro.*

avant l'ouverture le Trocadéro

avant l'Ouverture — Colis Russes

Ne vous inquiétez pas trop des hôtels et des restaurants — Entre ceux dont les officieux sont des anges de grâce et ceux dont les employés tutoient le client ; il y aura bien quelqu'abri où le vivre et le couvert seront à la portée — d'une bourse honnête et d'un choix judicieux — Les complots, d'augmenter à outrance, n'auront d'autre résultat que de calmer les gros appétits — les dineurs sans mesure et les amateurs de nids d'hirondelles.

Ceci m'amène aux chinois — qui ont eu le privilège d'attirer des pèlerins de tous les quartiers de Paris.

*avant l'Ouverture — Tombereaux partout*

Champ-de-Mars

Avant l'Ouverture

Ces Chinois, gens d'esprit, sont venus
des premiers planter leur étendard et
leur atelier sur les pentes du Trocadéro.
— Leur succès y est grand. — Ils déballent
leur pagode — ou leur palais, par petites
pièces que d'habiles natifs emboîtent les
unes dans les autres, — sans dire un mot
et —

Les Chinois

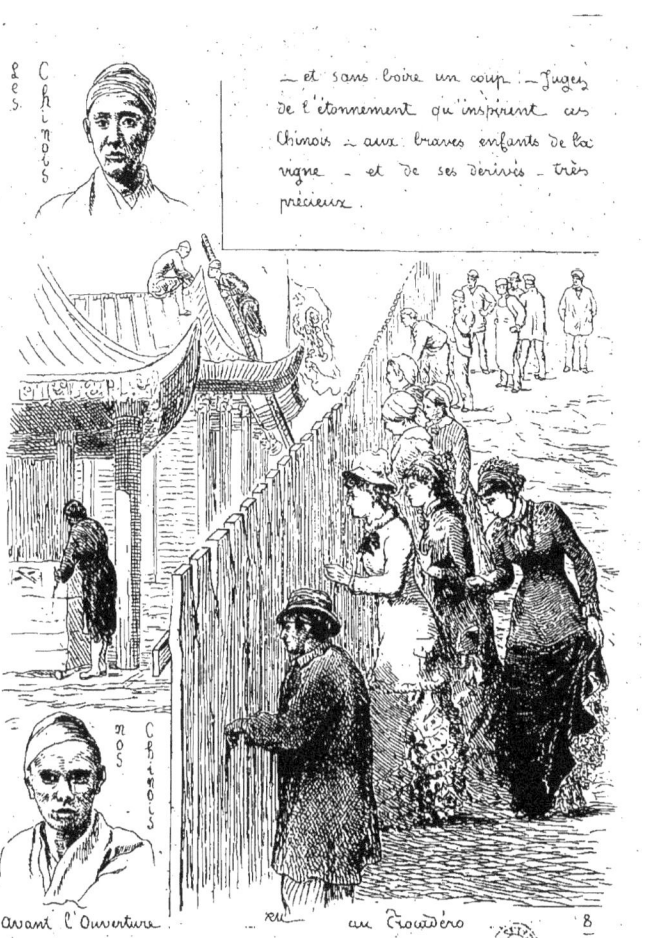

Vestibule du Trocadéro

En entrant dans l'enceinte de l'Exposition par la porte de l'Est — au Trocadéro ; — laissant à gauche l'aquarium, le restaurant Catelain — les constructions remarquables des Forêts, celles de l'Algérie, celles du génie Civil ; — on franchit le pont d'Iéna et l'on est au Champ de Mars.

C'est là que sont accumulées les œuvres les plus récentes de l'Art et de l'Industrie. De là aussi, l'on peut jouir de la vue des jardins, bornée par la charmante colonnade du Trocadéro.

9

LE TROCADERO

Il y a des montagnes qui accouchent d'une souris. — Il en est d'autres qui ont une meilleure destinée. — Le Trocadéro en est une preuve. Ce monticule si longtemps aride et repoussant avait été voué au Palais d'un Roi de Rome ; — on y voit aujourd'hui celui des rois du monde — le Savoir et l'Art, l'Esprit et la main ! — Si vous êtes remise du voyage — vous apprécierez cet enfantement.

10

Restaurant Catelain — Le Cheval — Palais des Forêts

Les Forêts

Le Trocadéro est un composé bizarre de constructions et de choses qui ne se rencontrent pas d'habitude.
La Perse et la Norwège s'y coudoient.
On sort de l'Algérie où l'on a vu des Arabes, pour entrer dans l'Aquarium où l'on est nez à nez avec des brochets.
Ici nous passons d'un hémisphère à l'autre avec la rudesse d'un projectile insensé partant du fond des mines, rasant tous les sommets, lancé des pôles aux tropiques.

12

TROCADERO

Bazar Tunisien

Là nous flottons entre la salle des fêtes, la cascade, un débit de vermouth — un ou deux restaurants et une collection Lacustre.

Plus loin le bazar Tunisien — Les maisons Suédoise, Chinoise, Siamoise, Japonaise et Américaine. —

Les insectes nuisibles ont un pavillon qui leur est commun avec les ruches pleines d'abeilles et les échantillons des plus beaux vers à soie; on y vend aussi du nougat. — Tout cela se succède au Trocadéro de la plus amusante façon. — Un tour du monde en quelques pas — mélange de science et de rafraichissements.

LE
CHAMP-DE-MARS

Ici la trace du champ des manœuvres et des exercices militaires a disparu. — Des amas d'objets venant de tous les points du globe s'offrent à votre examen. — La senteur des parterres qui y mènent vous réjouit; et l'histoire de l'emplacement où vous êtes se résume en un fait — Ceux qui travaillent sont unis pour rendre la vie facile et heureuse.

14

CHAMP DE MARS

Pavillon de la ville de Turin

Ce fait de l'union des hommes de travail pour le bien de tous écrit partout au Champ de Mars, est cependant contredit. — Les travailleurs seraient ils donc en minorité sur la terre ? Vous qui avez des loisirs ; — éclaircissez cela. — Si grâce à vos calculs on pouvait espérer qu'un jour, — le sapeur — si estimable et si utile à cette heure, figurera dans quelque galerie rétrospective — quelle médaille on vous voterait !

EXPOSITION FRANÇAISE

Le Creusot

Dans la large part que s'est attribuée la France au Champ-de-Mars — il y a de belles choses dont on aimerait à parler — si l'Exposition étant Universelle — le bon goût et les lois de la politesse nationale ainsi que notre modestie bien connue, ne mettaient obstacle aux plus douces intentions.

Champ de Mars

Disons seulement que dans la partie Française on trouve des machines amusantes — les nageuses — des masses écrasantes — le Marteau du Creusot — des choses étonnantes — le Règlement obtenu par le jury des Beaux-arts ; règlement qui donne a ce jury le pouvoir de s'offrir si bon lui semble — les récompenses qu'il doit répartir.

ANGLETERRE

Faisant de la famille un bien, une force et un principe... Chaste dans ses livres — dans son art et dans ses tableaux... Administrant sans qu'on le sente et presque sans employés — d'une rare sûreté dans ses relations commerciales, exacte jusqu'au scrupule pour livrer conforme à l'échantillon dans les pays les plus lointains — Voilà l'Angleterre telle que nous l'avons connue et reconnue en ses Colonies de l'Océan Indien qui ne comptent pas moins de 180 millions d'habitants.

Champ de Mars — Cottages

EXPOSITION ANGLAISE

L'Exhibition Anglaise est caractérisée par ses collections de l'Hindoustan et notamment — celle du Prince de Galles, rangée près de sa Statue, hommage des négociants de Bombay. — Vous passerez de longs jours à visiter le surplus des sections de l'Angleterre et ses Colonies; les seules qui furent prêtes à l'heure. — Tout y est digne et de premier ordre

18

AMÉRIQUE du SUD

DANEMARCK

GRÈCE

BELGIQUE

Riche et luxueuse en Amérique — Sévère chez les Danois. Artistique en Grèce — Chacune de ces entrées complète l'autre — Plus loin vous apercevez sous son beffroi la plus cossue et la plus remarquable des Façades — celle de la Belgique

LA SUISSE

La Suisse avec sa façade constellée
sa voute bleue comme le ciel —
son toit pyramidal, ses drapeaux —
son horlogerie célèbre, ses métiers à
tisser, ses broderies ; — ne se montre
vraiment que dans ses écoles et ses
beaux-arts. — Là nous retrouvons
le pays superbe, les paysages —
les intérieurs tranquilles ; la noble
histoire — aspiration constante vers
la vie libre que si peu de nations
possèdent encore. —
Les grands hommes dont la gloire
et le génie nous ont été
si utiles ; — la belle
— Devise — Un pour tous,
— Tous pour un —
Et la Croix de Genève —
ce symbole de l'ardente
charité.

LA TÊTE DE LA LIBERTÉ ÉCLAIRANT LE MONDE.
— Un complet d'été ! — Diable, elle n'a pas l'air gai.
— Un saute-en-barque ! — Sa figure trahit l'effort. — La Liberté ne peut éclairer le monde. — C'est le monde qui rendra la liberté lumineuse, lorsqu'il sera assez instruit et assez fort pour que la justice absolue gouverne tout.
— Le complet : — Alors cette liberté est dans le vrai. — Son métier n'est pas commode — et la tête de Bartholdi, le dit.

## LA RUSSIE

La Russie où l'on cultive notre langue depuis Catherine II, où tant des nôtres sont accueillis et gracieusement reçus avait d'avance les sympathies de tous les Français – gens bizarres – aimant qui les aime ; avec chaleur et cordialité

# EXPOSITION DE LA RUSSIE

L'Empire Russe qui compte vingt et un million de kilomètres carrés sans parler de ses récentes conquêtes, est représenté, dans la rue des nations, par une maison de bois — copie de celle où naquit Pierre le Grand.

Dans les galeries — dans les annexes vous pourrez juger l'exhibition Russe, où l'ingénieux emploi du sapin, de l'écorce des bouleaux, du fer, du bronze — rivalise avec la beauté des fourrures, des cuirs ouvrés, des émaux, des bijoux, des malachites et des objets d'art.

Vous découvrirez que ce pays de montagnes, de longues routes, de forêts, de glaces et de neiges sans fin — est élégant jusqu'en ses isbas ou chaumières.

Ailleurs, son goût, confortable et très étudié, tire un large parti des richesses du sol et de son immensité.

EXPOSITION JAPONAISE

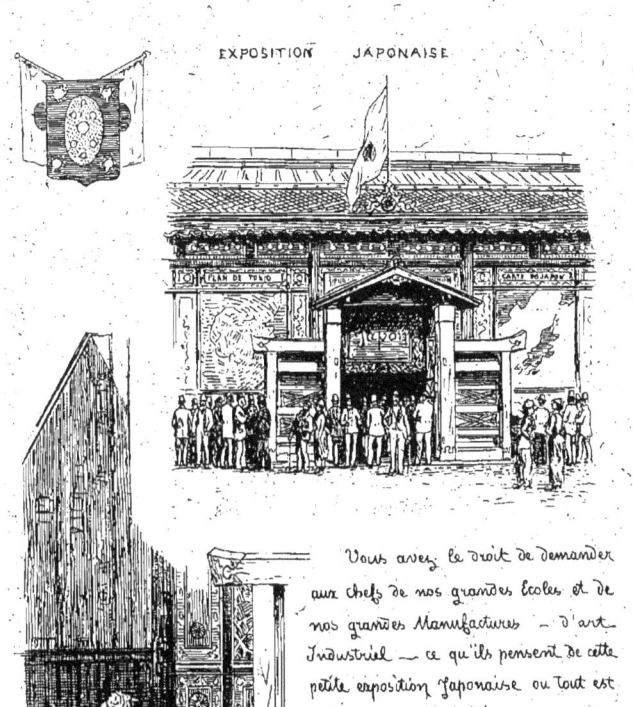

Vous avez le droit de demander aux chefs de nos grandes Écoles et de nos grandes Manufactures — d'art Industriel — ce qu'ils pensent de cette petite exposition Japonaise ou tout est perfection et ingéniosité — sans compter l'esprit, la science et le génie ? —
Craignez seulement que ces hommes du meilleur monde, ne puissent vous répondre, que le jour où ils sauront dire clairement ce que doit être l'Art et ce que c'est que le goût.

24

CHAMP·DE·MARS

L'arrosage des jardins

PORTUGAL

LUXEMBOURG

Ce qui a été fait pour les Expositions Persane, du Maroc, Siamoise et Monégasque ; s'est répété en de moindres proportions pour le Portugal et Luxembourg. Pays artistes par excellence; leurs exhibitions d'un bout à l'autre sont exquises. Leurs façades sont de purs chefs-d'œuvre, mais elles manquent de place.
Singulier concours d'architecture ou les uns disposent de plus de cent mètres, les autres de deux. Ou Pierre peut faire admettre 20 sujets et Paul n'a droit qu'à la moitié d'un.

LA HOLLANDE. Dans les Expositions de la Hollande, les meubles, les toiles, la taillerie de diamants, le temple et les statues en stéarine, les costumes, les collections coloniale et des Beaux-arts —

— révèlent une fois de plus le génie de grande habileté, de cette célèbre sage et active nation.

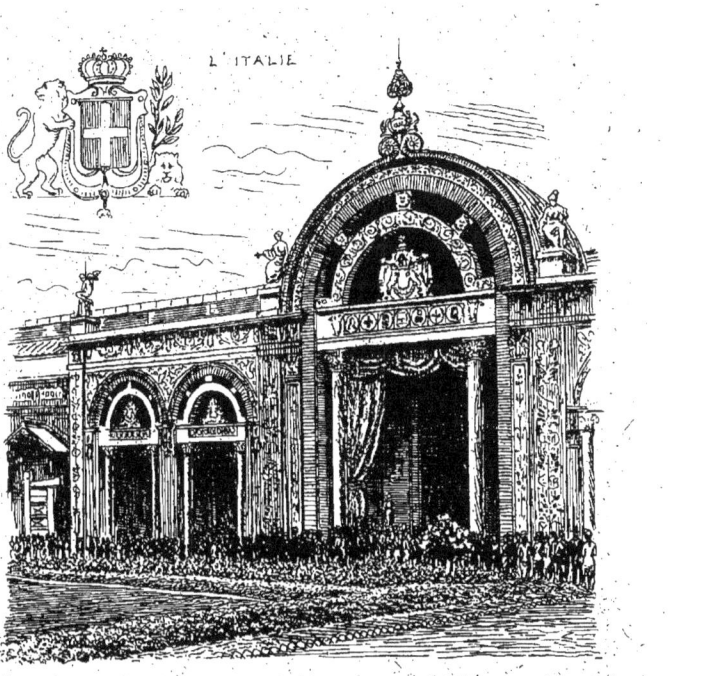

L'ITALIE

L'Italie où le Monde puise des chefs-d'œuvre pour les refaire éternellement, nous montre les envois de ces Villes dont les noms évoquent tant de merveilles : — Florence — Rome — Naples — Venise et les autres. — Elle a gardé de ses origines un inaltérable fond artistique et savant que vous retrouverez partout dans les expositions particulières de ses cités. — Notez en passant Murano — où le verre est traité, et devient un prodige de forme et de couleur. 30

Les quatre angles du Palais du Champ-de-Mars sont flanqués d'un débit de boissons. — On y est garanti des injures de l'air et du soleil par une tente improvisée. — Combien il est regrettable qu'on n'ait point laissé s'établir aux côtés déserts de l'immense construction, des Cafés de tous les pays. — Cette contre-partie des Façades eut été appréciée ; elle eut fait bonheur en même temps — a ceux qui se préoccupent de la commodité et du bien-être de chacun : ce qui est la fin — et la seule fin de toute entreprise dédiée au public et payée par lui.

31

SUÈDE ET NORWÈGE

Les fers, l'acier, le cuivre — Des ustensiles originaux, toutes sortes de poissons conservés, des bois découpés de mille manières, de superbes pelleteries, dominent dans l'exposition Suédoise et Norvégienne
Vous vous rappelez la maison de Gustave Vasa, exposée en 1867. — c'est pour ne pas se répéter que la Suède ne nous montre pas cette fois encore la maison du meilleur de ses Princes. —
Elle devait figurer parmi les plus précieux envois comme le plus touchant souvenir de
la nation Suédoise.

Dans l'enclos de l'exposition chaque famille peut a son gré déjeuner — en Chine ou en Australie. — Il suffit de s'installer sur les chaises ou dans les paniers qui confinent au pays de son choix. — On n'est d'ailleurs pas difficile Tel vient avec l'idée de goûter au Pérou — qui se contente d'un lunch a Tunis

DÉJEUNER EN HOLLANDE

Ces repas a l'exposition ont lieu principalement aux abords du Pavillon de la Ville de Paris. — On y mange mieux a ce qu'il semble — Est-ce l'espace — les fleurs — l'éloignement du bouillon Duval, qui est bien le plus complet établissement qu'on puisse élever en haine du confort et du goût Français — Est-ce la joie — de côtoyer un souvenir de nos budgets et de nos impôts Parisiens — vous examinerez en conscience car ces festins resteront légendaires

L'exhibition de l'Autriche et celle de la Hongrie que la richesse et le goût excellent devraient unir, — est décorée intérieurement avec un soin particulier — Vous reconnaitrez a leur élégance les objets qui emplissent ces sections — de même la belle apparence et la profusion vous indiquera suffisamment — les bois, les vins, les grains, les peaux — les mille produits de ces pays du Danube ou le sol est si fécond, qu'il est a peine exploité et que la facilité de la vie y est proverbiale

'L'AQUARIUM

## L'ESPAGNE ET LA CHINE

Les façades de l'Espagne et de la Chine se touchent dans la rue des nations. — Autant l'une est somptueuse, autant l'autre est élémentaire. — A droite, l'architecture Mauresque avec ses colonnes gravées, ses ornements, ses réseaux, ses pierres brodées aussi finement qu'une étoffe. — A gauche, la maçonnerie des Mandchoux, en forme de boîte peinte en gris, d'où s'échapperait quelques jouets. — Mais pénétrez dans l'une et l'autre exhibition et je vous défie de dire quel est le plus malin des deux peuples.

TROCADERO 1878.

L'ÉLÉPHANT —

ET LE RHINOCÉROS

Les États-Unis ne se sont pas ruinés en travaux d'architecture — Leur façade ressemble a une gare de chemin de fer de catégorie inférieure — Mais vous trouverez dans leur emplacement des machines perfectionnées avec une rare entente — et une section d'enseignement qui est des plus remarquables — On y fouille les vieux livres, que juste ce qu'il faut. En revanche, la même instruction y est donnée aux garçons et aux filles — loin des solutions fondées sur l'ignorance, qui est combattue sans merci.

GALERIES DU TROCADERO

Très remarquables et très suivies grâce aux collections qu'elles renferment. Des milliers d'objets précieux y fixent l'œil et l'esprit. Mais il est défendu d'en prendre un souvenir ou un dessin. — On peut se demander quel est le but de cette interdiction, car tout dessinateur n'a besoin que de voir une chose pour en faire le croquis. — Quand à des notes — le plan se devine — on ne veut point sans doute, qu'il soit parlé de ces expositions. —

Conformons nous a la loi en regrettant sa dureté.
En passant — un vitrail, bien conçu et bien placé près des curiosités anciennes, représente l'ameublement — je vous en adresse le beau milieu

JARDIN ET ENTRÉE DE LA SECTION DES BEAUX-ARTS.

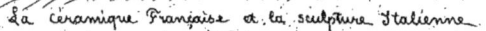
La céramique Française et la sculpture Italienne.

Mais il faut se borner. — Notons encore quelques détails — comme le trophée de la Nouvelle Galle du Sud — représentant en un bloc, les 800 millions d'or trouvés dans ce pays ; et celui qui est à l'angle de la galerie des machines, galerie prodigieuse, qui permet de penser que bientôt, il n'y aura plus qu'un seul métier possible, — celui de mécanicien. Et admirons en terminant, avec quel ensemble le monde entier, je parle du monde qui travaille, s'est occupé de cette exposition, — s'y est rendu — afin d'en profiter, c'est probable, pour s'élever dans le sens de l'utilité, du bien-être et de la pacification universelle.

www.ingramcontent.com/pod-product-compliance
Lightning Source LLC
Chambersburg PA
CBHW070700050426
**42451CB00008B/444**